Camino a Paris

La historia de una cubana

Camino a Paris

La historia de una cubana

Vilmaris Gonzalez

Información de la imprenta disponible en la última página.

Fecha de revisión: 05/04/2022

Para realizar pedidos de este libro, contacte con:
Xlibris
844-714-8691
www.Xlibris.com
Orders@Xlibris.com
839823

CONTENIDO

El secreto de avanzar es comenzar

(Mark Twin)

DEDICATORIA

ESTE LIBRO ESTA dedicado a muchísimas personas que amo. (Sin importar cuantos viajes haga, nada puede cambiar mi amor por ellos.)

A mis hijos Roy y Ryan, quienes ya
acompaño por el camino de sus vidas.
A mi madre Maritza, mi gran guerrera,
quien aun me espera de regreso.
A mi padre Eduardo (EPD), mi estrella
fugaz que me guía siempre.

PRÓLOGO

*V*ILMARIS VIAJABA EN *un avión, desde la ciudad de Miami, Estados Unidos hasta Paris, la capital de Francia cuando una señora que iba su lado, después de haberle contado su historia, le pidió que escribiera y con sus vivencias ayudara a tantas gentes que necesitaban vencer el miedo, sobrepasar las carencias, enfrentarse a los cambios, mantenerse motivados y controlar el estrés.*

Basado en hechos reales y contando su propia historia, Vilmaris aconseja y ofrece soluciones a diferentes situaciones que se presentan en el camino de la vida.

AGRADECIMIENTOS

A MI EDITORA DE *redacción Cary Navarro, Licenciada en Ciencias de la Información y Bibliotecología, graduada en La Facultad de Comunicación Social en la Universidad de la Habana y radicada en la ciudad de Tampa, USA.*

A Teresa Mildred Morales, Doctora en Ciencias Psicológicas, quien se aseguró que mis consejos fueran equilibrados y razonables de acuerdo con mis propias vivencias.

A Victor Alberto, estudiante de Relaciones Internacionales en la Universidad Internacional de La Florida (FIU).

ACERCA DEL AUTOR

*V*ILMARIS GONZÁLEZ ES *la persona más inspiradora que conozco. Ella es sabia más allá de su edad, extremadamente inteligente, amable, humilde y un espíritu afín. Tanto es así, que puedes sentir como si la conocieras desde hace años la primera vez que interactúas con ella. Puedo dar fe de eso personalmente, al igual que la mayoría de las personas cuya vida ha tocado, influenciado o ayudado en su camino hasta llegar a Paris.*

Para Vilmaris la vida es simple, corta y hermosa. Ella cree que el éxito no sucede solo y que se puede lograr a través de una red muy unida de familiares y amigos. Ella siempre te dirá que seas alegre y que camines cada paso por la vida con una mentalidad positiva y un enfoque extremo, hasta que logres cada proyecto que comiences, sin renunciar a los sueños.

Siempre se ha puesto metas en grande y ha superado muchos obstáculos a lo largo de su vida. Cosas sobre las que aprenderás que la han inspirado a medida que sigas leyendo. Desde sus raíces humildes como una campesina cubana de pocos recursos hasta ser dueña de su propio negocio y llegar a los Estados Unidos, lo ha hecho con un enfoque extremo y una mentalidad positiva. Este es el mismo mensaje que ella desea transmitirle a usted, el lector. En resumen: *"SI SE PUEDE"* ¡y no podría estar más de acuerdo con ella!

R. Alex Cabrices

ACERCA DEL LIBRO

"LA HISTORIA DE una cubana camino a Paris" relata la trayectoria de una campesina que salió del oriente de Cuba y aprendió a sobrepasar muchos impedimentos hasta emigrar y radicarse en el sur del estado de la Florida en los Estados Unidos de Norteamérica.

A bordo de un vuelo a Paris, Vilmaris escribe su propia travesía y desde diferentes aristas busca colaborar con aquellos que albergan una esperanza. Ayudar a vencer el miedo, a sobrepasar toda carencia, el enfrentar los cambios, a mantenerse motivados y controlar el estrés son los consejos que da en su libro mientras avanza al destino final.

Vilmaris Gonzalez
Miami, USA 2022

El Arco de Triunfo de Paris

"Eres el arquitecto de tu propio destino,
tu decides cuándo y hacia dónde ir".

CAPÍTULO 1

"Vencer **El miedo**"
Mis tiempos de verde olivo

RECIÉN HABÍA CUMPLIDO quince años cuando emprendí mi viaje. Había terminado mi nivel preuniversitario cuando mi hermana Maria Julia me reveló que había sido seleccionada para una universidad en la capital del país. La Universidad de la Habana, un sueño hecho realidad, la mejor escuela en toda la isla de Cuba.

Allí se había graduado Carlos Manuel de Céspedes, Ignacio Agramonte, José Lezama Lima, Dulce María Loynaz, Roberto Fernández Retamar y muchos otros que solía leer sobre ellos en la biblioteca de mi escuela rural.

Mis orígenes en el oriente de Cuba.

Para ese entonces yo vivía a unos 1000 kilómetros de la principal ciudad. Lo más lejos que había ido era al pueblo de Báguanos, la cabecera de mi municipio.

Alcalá, el lugar donde nací, era un barrio de agricultores y ganaderos al norte de la provincia de Holguín en Cuba.

Yo crecí en la finca llamada "Santa María". Tomábamos agua que colectábamos en tinajones y el café de la mañana se colaba en una bolsa de tela que aun puedo sentir el olor. Junto a mis hermanos y mis vecinos usábamos yaguas de palma como toboganes para deslizarnos de las lomas y masticábamos la fruta morada de caimitos como si fuera chicle.

Allí fue donde por última vez en mi vida vi las maravillosas e inigualables Polimitas. Los caracoles más hermosamente coloreados del mundo con espirales de tonalidades vanguardistas, lamentablemente en vías de extinción.

En mi barrio solo había una bodega y una farmacia. Mi escuela era mi templo sagrado. En ella siempre aprendía algo nuevo, me encantaba ir allí, jamás pensé que algún día dejaría aquel lugar, camino a la capital.

En los inicios de los años 1990 mi país vivía una crisis económica con el debilitamiento del campo socialista. Eran tiempos muy difíciles, de extremas carencias, diría que los más difíciles que he vivido en mi vida. Fidel Castro anunció al país que pasaríamos por un "Período Especial en Época de Paz". Anunció también acciones económicas de racionamientos como las que se hacen en casos de guerra para "salvar la Revolución en Cuba y salvar el socialismo".

Esa tarde nos sentamos todos a la mesa, era un jueves de agosto, bien acalorado, ni siquiera se movía una hoja del ciruelo que alcanzaba ver a través de la ventana. Recuerdo que mi padre me miró y me dijo:

-Estoy muy orgulloso de ti. Cuéntame, ¿qué te parece este gran paso? Irás a la capital. La primera de todos en la familia. Dicen que la ciudad es muy bella, que hay un gran túnel que atraviesa la bahía y que todos los días a las 9:00PM la cierran de forma simbólica con un gran cañonazo. ¿Qué sientes al saber que iras allí?

Mi respuesta fue inmediata. Mi plato se corrió al frente y entre lágrimas le dije:

-No puedo, tengo miedo. Es muy lejos. ¿Cómo me voy a ir sola y dejar todo? Yo se que para ustedes es muy fácil.

-No, no iré.

Tomó con su mano la mía y me dijo:

-Termina de comer, lo hablaremos en otro momento.

Me levanté de la silla y me fui a llorar mientras escuchaba a mi madre decirle: "déjala, que no vaya, aun es una niña para emprender ese viaje tan lejos de nosotros, total si yo no fui a la universidad y no me he muerto". Una gran angustia se apoderó de mi. Aquella tarde entre lágrimas significaba el inicio de un gran viaje hacia lo desconocido. Pasaron los días, a cada momento escuchaba a mi madre de forma repetitiva diciéndole a todos "se va a la capital", "cuando termine el verano debe inscribirse", "ya queda menos de un mes" "se nos va la más chiquita" …y mi miedo se iba haciendo cada vez mas grande en la medida que me acercaba mas a la realidad. Era un hecho, mi vecina Sandra se alistaba a coser en una máquina rusa las cuatro mudas que me debía llevar. Mi hermano pintó mi maleta de madera del único color que teníamos. Mi abuelo trajo un candado y hacia mucho énfasis en no perder la única llave que había heredado de su padre quien llegó como polizonte en una naviera desde España a inicios del 1912. Mi hermana me daba lo poco que tenia, y siempre lo hacia corriendo para que yo no la viese llorar. Esa vez el miedo caló mis huesos, dominó mis músculos y penetró en mi cerebro. Finalmente llegó el día.

Solo mi padre me acompañó a la estación de los autobuses. Aun recuerdo exactamente las palabras que me dijo. Pretendía estar contento y para lograrlo hablaba poco. Solo usaba frases cortas y sin mirarme a los ojos me decía: Harás nuevos amigos;

Aprenderás a administrar tu propio dinero; Ya no tendrás que levantarte temprano a recoger mangos; Explorarás otras culturas; y lo mas importante es que llevas una misión: No nos olvides aun ni cuando un día tengas la oportunidad de conocer a Paris.

El Capitolio Nacional de Cuba

Miedo a lo desconocido

En algún momento de nuestras vidas hemos sentido miedo. El miedo a "No puedo". Todos de una forma u otra hemos tenido miedo sobretodo a experimentar cosas nuevas. Un cambio es la primera razón por la que sentimos miedo. Un nuevo trabajo, un viaje, una pérdida, el lograr algo, una mudanza. El miedo influye de forma negativa cuando nos frena a no intentarlo. El hecho de que tengamos miedo no significa que vamos a dejar de intentarlo. Cada cosa nueva que enfrentamos es algo desconocido hasta que nos percatamos que ya estamos ahí. El miedo nos impide actuar, nos impide pensar claramente y sólo nos llena de dudas y de negatividad. Aunque exista, creo que es uno de las emociones que más debemos intentar eliminar de nuestra vida diaria.

¿Por qué nos da miedo intentarlo?

El no intentarlo nos puede alejar del lograr lo que buscamos. Nunca tengas miedo de ir por tus sueños. Incluso hasta cuando ves que lo que vas camino a lograr parece perfecto e ideal nos da miedo a intentarlo. Si siempre vives diciéndote que no eres lo suficientemente bueno, y que no eres merecedor de eso tan bueno y perfecto que imaginas, probablemente llegará un día en que ya será demasiado tarde para intentarlo. Nadie dijo que con sólo intentarlo se harán realidad todos tus sueños, sin embargo, el proceso de esforzarse por hacerlos algo real es lo único que puede hacerlos posible. Si ni siquiera lo intentas, ¿Como sabrás si pudo haber sucedido?

Existen algunos pensamientos negativos que nos frenan como son:

1. intentarlo y que no funcione

2. intentarlo y fracasar

3. intentarlo y volver a lo mismo

4. intentarlo y no lograrlo

5. intentarlo y no ser exitoso

¿Qué hacer ante el miedo?

El miedo es la fotografía de la incertidumbre a un futuro incierto. Síntomas físicos durante un ataque de pánico, como latido fuerte o rápido del corazón, sudor excesivo, escalofríos, temblores, problemas respiratorios, mariposas en el estómago y hasta náuseas. El miedo nos pone en alerta y nos impulsa a tomar decisiones en situaciones extremas. A medida que suceden los hechos que nos dan miedo, ...

El miedo que sentimos no es ni positivo ni negativo. O sea, no nos aporta ni nos quita. El miedo esta presente en numerosas ocasiones de nuestra vida y hay que aprender a convivir con el hasta que un buen día miramos atrás y vemos que hemos logramos superarlo.

Cuando experimentamos miedo debemos no detenernos. Solo los que han continuado y se han atrevido han podido lograrlo. Y son precisamente ellos los que han llegado al destino final que se llama Éxito.

El miedo se activa cuando detecta una amenaza, haciendo que nos retiremos de esta situación. Esta amenaza puede ser para nuestra integridad física o nuestra vida, así como para nuestra reputación, nuestra autoestima, autoconcepto o nuestra seguridad, en función de la idea y las creencias que tengamos al respecto.

El Malecón de la Habana, Cuba

El Miedo y la Ansiedad

La desesperación frente a una situación desconocida puede provocar el miedo. A su vez este miedo te puede provocar ansiedad y es importante darse cuenta de ello para auto controlarse. Calmarse y pensar en buscar soluciones. Si te desesperas no podrás reaccionar en busca de salidas.

Recuerdo que en mis peores momentos de miedos me ayudaba mucho el repensar el miedo. En otras palabras, preguntarme yo misma el ¿por qué tenía miedo? Está bien en darse permiso para descansar y apartarse de la situación hasta volver y continuar. Es aconsejable ante una situación de ansiedad el poder mirar la situación desde un helicóptero, o sea, desde afuera. Me refiero a salir de donde te encuentras y mirarlo desde otra perspectiva como un buen ejercicio para continuar.

Reflexionar sobre la ansiedad, Reconocer lo bueno, Apelar incluso al buen humor son buenos ejercicios para trabajar la ansiedad en situaciones de miedo.

¿Cómo enfrentar el miedo?

Habla contigo mismo y pregúntate si habrá un resultado o impacto positivo al final. El auto control, el yoga, ejercitar el cuerpo, respirar profundo, escuchar música que te ayuda a meditar, cerrar los ojos y hablar contigo mismo. Estas son algunas de las soluciones a encontrarte contigo y auto controlarte. El miedo no se podrá apoderar de ti cuanto tu mente esta sanamente equilibrada. El miedo a esas cosas nuevas y diferentes comenzará a desaparecer si decides intentarlo.

Alguien me dijo una vez en mi vida: si tienes miedo acéptalo, pero no lo dejes vivir en ti. Una de las mejores formas de enfrentar el miedo durante los diferentes momentos en que ha aparecido en mi vida ha sido:

- Nombrándolo
- Aceptándolo cuando aparece.
- Pidiendo ayuda cuando me ha tratado de superar

Atreverse y saber perder

El miedo a perder te hace perder. No haber intentado algo por temor a equivocarse es uno de los pensamientos inmediatos en los seres humanos, sin embargo, el decir: aquí voy, yo puedo, si otros lo intentaron yo lo haré también, no me detendré, quiero atreverme…. Es la solución a verse involucrado intentando y sin casi ni pensarlo el miedo desaparecerá. A veces debemos lograr las cosas en el segundo o tercer o cuarto intento, está bien, lo importante es lograrlo.

Los seres humanos tenemos la tendencia de temer estar perdiéndonos algo, principalmente porque somos una especie que trata de evitar los riesgos.

Mientras descubres algo nuevo no luches contra el miedo

El miedo solo se vence durante el camino del intento. No se puede medir nuestro miedo, pero si se podrá ver el resultado de nuestro tiempo invertido y nuestro sacrificio. Si querías eso, ve por ello. Si quieres lograrlo, no te detengas. Siempre hay una solución. Eres el arquitecto de tu propio destino. Llegarás tan lejos como te lo propongas. ¿Quien te dijo que no se puede? No esperes a que vengan a decirte qué hacer y cómo llegar a la meta. Debes levantarte, seguir adelante y mirar cada oportunidad frente a ti para que no te detengas. Cuando llegues al final solo te quedará la etapa vivida pero el miedo habrá desaparecido totalmente.

La Habana, la ciudad de las columnas.

(Alejo Carpentier), Cuba

Quizas todo lo que buscas lo encuentres del
otro lado de tus miedos. inténtalo tu Puedes!

CAPÍTULO 2

*"Sobrepasar **Las carencias"*** *La ciudad de las columnas*

EL AUTOBÚS SE ha detenido. Una parada de treinta minutos en una de las cafeterías más concurridas en la autopista que enlaza el oriente con el occidente de Cuba, El Conejito de Aguada de Pasajeros a la altura de la provincia Cienfuegos, me hizo interactuar con el chofer por primera vez. Un hombre grueso de mirada dulce, todos lo llaman "Toto", aunque su verdadero nombre es Jorge Luis. En cada pueblo por donde veníamos él saludaba a mucha gente. En la provincia de las Tunas le alcanzaron agua con hielo; en Sibanicú le regalaron una barra de queso blanco; en el pueblo de Jicotea en Ciego de Avila le tenían dos piñas gigantes las cuales usaría para hacer el aliñado que se brindaría a la llegada de su futuro hijo Lorenzo Antonio. Ahora se acerca a mí y me pregunta:

- Como te va? Tu padre me pidió mucho que te cuidara. Tranquila, en la capital la gente tiene mucho éxito. El día que quieras volver siempre ven a verme y yo te ayudo, cualquier cosa que necesites cuenta conmigo.

Quizás este señor haya sido mi primer contacto mientras viajaba en soledad a la capital. Durante cinco años de mi vida necesité de él. Jamás me falló. Lo que nunca en mi vida me imaginé era a él acompañándome, no en mis viajes a la capital, sino llevándome aquel trece de julio, veinticuatro años más tarde, al cementerio el día que falleció mi padre.

Continuamos, todo lo que voy viendo es bien hermoso. Mientras recuesto mi cabeza a la ventana me siento tan sola en este mundo, como si no perteneciera a ningún lado ni a nadie. El peor sentimiento no es estar solo, es tener que olvidar lo que dejaste atrás, precisamente, lo que nunca se puede olvidar. Mi corazón nunca había conocido la soledad hasta el día que me fui.Sin proponérmelo y repleta de interrogantes, llegué a La Ciudad de las Columnas como le llamaría Alejo Carpentier. Había llegado a la mayor urbe de Cuba. Estaba frente al mayor puerto del país. ¡Por Dios, que hermosa es! Bastó poco tiempo para enamorarme. Bastó la necesidad de hacerlo para lograrlo. Desde niña la Habana siempre estuvo lejos, distante, ese territorio que sabía no me pertenecía y que ya había hecho mío para siempre. La carrera universitaria que me llevó a la capital había llevado también a un estudiante por provincia. Inmediatamente el acto de supervivencia me dijo: No te quejes, no eres la única que está sola. Cary venía de Sandino en Pinar del Río; Andria desde Palma Soriano en Santiago de Cuba; Surchail desde

Camagüey; Ismarys desde Hershey en Santa Cruz del Norte, Esther desde Guantánamo, así como muchas otras más.

Me encanta conversar, educar, cooperar y crecí en una familia numerosa. El adaptarme fue algo fácil. La escuela no era el problema ni las carencias tampoco. Lo que debía trabajar era aquel diálogo interior que mantenía conmigo misma. Pasaron cinco años de mi vida allí. Se dice fácil pero no lo es.

La Universidad de La Habana, Cuba

VILMARIS GONZALEZ

Vivía en un edificio asignado por la universidad. La resiliencia fue una de mis mayores capacidades y aun lo es. El sobreponerme a largas horas sin electricidad, a la falta de agua, a la comida que tanto escaseaba y a las largas horas de estudio en la biblioteca ayudaban el tiempo a correr para aproximarme al destino final.

Es increíble como cada cosa que vives en tu pasado, cada experiencia esta allí por una razón. Y cada cosa que te sucede mas tarde le encontrarás el verdadero significado.

Había que aprender a luchar por aquella supervivencia y por aquella soledad extrema para durante el viaje entender cada una de las cosas que allí viví.

Inmediatamente entre mis compañeros se hizo famosa, hasta hoy, la forma en que les explicaba de dónde venía.

> *Soy cubana pero no de la Capital;*
>
> *Nací en la provincia de Holguín,*
> *pero no soy de la ciudad;*
>
> *Mi municipio se llama Báguanos,*
> *pero yo nací en la zona de Alcalá.*
>
> *Yo no soy del mismo Alcalá, sino de un*
> *barrio que se llama Rejondones.*

Recuerdo la primera vez que llame a mis padres. Fue exactamente septiembre del 1993. Casi sin escuchar lo que me decían pude entender que mi padre aun no había podido vender la cosecha de cebollinos y que en cuanto lo hiciera me giraría el dinero completo para que yo pudiera tener más. Lo que nunca le alcancé a decir era que el poco dinero que el me había dado ya se me había terminado en mi primera semana.

Con tan buena suerte y a pocos días de llegar ya todas mis compañeras y yo éramos una gran familia y la soledad tocaba a menos.

Cada fin de semana alterno, y cuando no tenia que estudiar mucho, viajaba a San Miguel del Padrón. Allí vivía Mercedes Rovirosa, una excombatiente comunista retirada del movimiento 26 de julio. Ella había estado en la Sierra Maestra. Mercedes asomaba con mucho orgullo un bayonetazo que tenia en su espalda y su frase siempre era: "Yo no tengo esto para lo que hoy vivimos en este país".

Mercedes me hacía muchas historias de sus tiempos como alfabetizadora, siendo estos uno de sus mayores orgullos durante su juventud. Ella fue la designada por mi padre para que me ayudara y guiara durante mis primeros tiempos en la Habana. Rodeada de trece gatos y dos perros vivía en un reparto bien hermoso que había sido creado para obreros del gobierno de Fulgencio Batista, pero su alto costo lo hizo llegar a manos de la burguesía de aquella época.

A la salida del poder de Batista la mayoría de los dueños de aquellas lujosas casas emigró a USA y así fue como Mercedes la adquirió totalmente amueblada y hasta con una moto Harley Davidson dentro. Mercedes también estaba sola porque su única hija había sido ubicada al oriente del país al graduarse de medicina y como parte del servicio social mandatorio sin derecho a elección, cosa que a Mercedes irritaba también cuando se refería a este tema.

Mercedes y mi padre estuvieron de acuerdo en que el acogería a su hija como un miembro mas de nuestra familia en oriente y yo estaría al cuidado de ella en la Habana. Mi padre era un empleado de la Cruz Roja en Cuba y servía en el cuerpo de ambulancieros en el hospital donde llegó su hija Zucel a ejercer durante dos años.

En uno de los días que conversaba con Mercedes en el portal de su casa, y antes de irme camino a la beca, ella me contó que tenía unas medicinas en idioma chino. Siempre dispuesta le dije que cerca de donde yo vivía en las calles Línea y G en el Vedado, veía cada domingo a unos chinos barrer las flores rojas anaranjadas que caían de un hermoso y frondoso flamboyán. Esa tarde me alisté a sobrepasar el miedo y tomé la decisión de preguntar.

El Morro de la Habana, Cuba

VILMARIS GONZALEZ

Hou Yaoqui fue un corresponsal de la agencia Xinhua en Cuba por muchos años. Hablaba un español perfecto porque en su juventud y como parte de un convenio entre Cuba y Beijing estudió en la Habana. Esa tarde llegué al vedado y conversándole a través del portón me preguntó si quería conocer a su esposa. Me dijo que estaban solos en Cuba y que no tenían amigos con quien hablar. Ese mismo día terminé consiguiendo un desafiante empleo, que incluía mi cena, para darle clases de español dos veces por semana a la señora Xu de siete a nueve de la noche con tan solo 17 años y sin tener la mas mínima idea del idioma mandarín.

En Cuba no existe la costumbre de que trabajes por un salario y estudies a la vez. Sin embargo, ya la lucha por esa supervivencia y el aferrarme cada noche a mis oraciones me comenzaron a cambiar la vida.

La cultura china es extremadamente diferente a la nuestra. Ellos eran bien metódicos, ordenados, ahorrativos, tranquilos, su vida no conoce de excepciones o de particularidades.

Las clases comenzaban exactamente a las siete de la noche. Cuando digo exactamente me refiero a que no podía llegar a las seis y cincuenta y cinco ni a las siete y cinco. Al entrar debía sentarme en un salón pequeño y contarles como había sido mi día. Era importante hablar lo preciso, con respuestas cortas y no quejarme porque ellos siempre tenían la solución.

La conversación no debía sobrepasar los diez minutos porque teníamos veinte para cenar. La cena se hacia en silencio. Entre fastidiosos sorbidos siempre comíamos en plato hondo y no faltaba el arroz y alguna carne guisada. Comer era fácil, lo difícil era hacerlo con aquellos palitos, entre hongos y salsa de soya.

Con los chinos conocí por primera vez la playa que alberga al Torreón del Quijote, Varadero. Lo que mas me gustaba con ellos era visitar al hermoso Barrio Chino y a la mayoría de sus restaurantes.

Cada fin de semana que me quedaba en la beca y sin ir a casa de Mercedes ellos me invitaban al Barrio Chino de la Habana ubicado muy cerca del Capitolio Nacional de Cuba.

El Barrio Chino está formado por cinco pequeñas calles entre Amistad y Dragones, siendo esta última la mas importante. Ellos sabían que me encantaba leer por lo que la primera parada que hacíamos cada domingo era en Kwong Wah Po («China Brillante», en chino: 光华报). El único periódico cubano que se edita en idioma chino desde el Barrio Chino de La Habana. De tipo tabloide, y con cuatro páginas: tres de ellas en chino y la última en español. No sé ahora, pero para aquel entonces tenía una tirada de seiscientos ejemplares al mes dirigido a la comunidad china con informaciones nacionales e internacionales.

Hou y Xu eran personas mayores que me tomaron como una hija más. Las clases para la señora eran bien divertidas. Las hacíamos en un salón protocolar gigante que había dentro de la agencia. Recuerdo que un día ella no entendía lo que significaba encima y debajo (arriba y abajo) y me fue bien difícil explicarlo, hasta que no tuve otra opción y me subí arriba de la mesa. Desafortunadamente o afortunadamente ella vio que mis zapatos no estaban muy buenos. En mi siguiente clase ya alternaba entre mis yutapai que me había comprado con primer primer pago y unas alpargatas de color negro procedentes del mismísimo Beijing en China. A Holguín, en la guagua de Toto, me lleve a los chinos. ¿Me pregunto si aun estarán vivos?

Con esto de convertirme en profesora de unos extranjeros me hizo sobresalir entre mis amigas.

Recuerdo que un día una de ellas me pidió la acompañara a traducirle en ingles. ¿Ahora me pregunto si para aquel entonces yo hablaba ingles? Quizás no lo hablaba, pero ella sabía que yo me atrevía. Y fue allí donde conseguí mi segundo empleo con unos excelentes seres humanos, la familia Nwadozi. Unos diplomáticos nigerianos que aun conservo su amistad.

Al terminar el tercer año de la universidad y sin pensarlo, ya los dedos de mis manos no me eran suficientes para contar a mis conocidos, a mis amigos, a mis profesores, al personal de la biblioteca, al del autobús y a mis estudiantes de idioma español.

El hecho de estar estudiando y trabajando en medio de un país con la inflación más grande de toda su historia, me permitía ayudar a mi familia.

Al llegar al último año tocaba esforzarse doble y hacer una tesis de grado impresionante para obtener los mejores puestos de trabajo. Le dediqué mucho tiempo y mis resultados fueron brillantes. Finalmente llegaría el día de recibir el título de graduada en el aula magna. Tanto mis amigas como yo soñábamos con aquel momento.

El título era hermoso y gigante. ¡Que día tan especial! Mi tutora se me acercó y me dijo: "Ha valido la pena todo el sacrificio de estos años. Han seleccionado tu trabajo para que lo muestres en una de las universidades más prestigiosas de América Latina y el mundo: La Universidad de Antioquia". No tenía idea dónde quedaba exactamente, pero sabía que iba a viajar.

Vista nocturna de Medellin, Colombia

Las carencias

¿Cómo enfrentar una crisis económica?

Durante mis tiempos en la universidad encontré la definición de carencias. Se refería a las carencias muy vinculadas a la pobreza. Ese día me pareció que había encontrado un tesoro que alguien tenia escondido. En mis tiempos hablar de la palabra pobreza era un delito grave de índole social. La pobreza es una situación en la cual no es posible satisfacer las necesidades físicas y psicológicas básicas de una persona, por falta de recursos como la alimentación, la vivienda, la educación, la asistencia sanitaria, el agua potable o la electricidad.

Lo primero que tenemos que hacer es ser conscientes de que las cosas ya no son como eran antes, y tenemos que adaptarnos a la nueva situación, en otras palabras, aceptar las circunstancias hasta pasar por ellas.

Vivir con lo que tienes

Existe una diferencia entre consumo y consumismo. El consumo es lo que realmente necesitas para vivir. El consumismo es el adquirir porque la oferta lo ha presentado o porque no puedes detenerte a adquirirlo. Una de las formas de vivir con lo que se tiene es el controlarse de forma financiera y no caer en tentaciones de querer cosas materiales sin necesitarlas.

Cuando se vive con lo que tienes, ni remotamente se puede pensar en vacacionar, comer en restaurantes, ayudar a otros, tener un automóvil para transportarse, un teléfono, un televisor y hasta una lavadora. Todas estas carencias indican una inclinación hacia las carencias extremas que se le denomina pobreza.

Es primordial trazarse metas y enfocarse en los objetivos inmediatos y futuros. Una vez que estos se han alcanzado entonces uno comienza a darse lujos desde los mas simples hasta ir escalando en gustos de acuerdo a la situación que se vive. Si vas por la vida pensando en adquirir cosas materiales sin ni siquiera tener un fondo de emergencia en caso de que se pierda la única forma de ingreso entonces se vuelve al estado inicial. Una vez mi amiga Soledad me dijo en Chile: "Para ayudar a los pobres, no se puede ser uno de ellos" Soledad se refería en que era importante estabilizarse económicamente para poder ayudar a otros. Era muy necesario el sentar las bases para desde allí no flaquear a la hora de poder ayudar a otros. Los latinos somos muy colaboradores y muy arraigados a ayudar a nuestra familia, a nuestros amigos, a nuestros vecinos, etc. Existen dos tipos de latinos en los Estados Unidos. Los que llegan e inmediatamente se inclinan por ayudar en pequeñas porciones y de forma constante y aquellos que sientan sus bases y luego ayudan con transacciones que impactan de forma positiva la vida de otros seres humanos. Este proverbio chino refleja mucho el ayudar a otros a salir de sus carencias: "dale a un hombre un pescado y lo alimentarás un día. Enséñale a pescar y lo alimentarás para toda la vida."

Medellin Colombia

¿Qué son las necesidades y cómo se clasifican?

Las necesidades humanas se pueden clasificar atendiendo a distintos criterios entre los que destacamos: Según su carácter: económicas y no económicas. Según su importancia: primarias o básicas y secundarias. Según el tiempo: presentes o futuras.

CAPÍTULO 3

"Enfrentarse a **Los Cambios**"
La Ciudad de la eterna primavera

MARIELA ARCILA SERÍA la persona encargada de recibirnos en el aeropuerto de Rio Negro a unos sesenta kilómetros de la ciudad de Medellín. Una bibliotecaria laboriosa amante de los libros y de su ciudad.

Llegamos en la noche. El aeropuerto está ubicado en un cerro desde donde se puede ver la ciudad como un gran pesebre. Cierro mis ojos y aun lo puedo visualizar. Nunca antes vi tantas luces brillar. Había llegado a la Ciudad de la Eterna Primavera. Capital del departamento de Antioquia y atravesada por el mismo rio Medellín.

No podía quitarme de mi mente, lo que me había contado aquella señora antes de subirme en el avión en la Habana, refiriéndose a historias escalofriantes del cartel de la droga entre los años 1976 hasta 1993.

Sin embargo, Mariela nos cambió todo al invitarnos a bajar en una Chiva. Pensé que era una broma hasta que nos mostró a lo que se refería. Las chivas son buses rurales llenos de colores y accesorios. Construidas sobre un chasis de camión, con hileras de anchas bancas de madera que van de un costado al otro y donde se acomodan personas, animales, equipajes y mercancías. Un costado del bus está cerrado y el acceso se realiza solo por el otro costado. En la parte trasera la chiva cuenta con una escalera que conduce a la plataforma superior donde se encuentra una parrilla portaequipajes en la que se acomodan mercancías de los viajeros y víveres, allí subimos la maleta. Entre hermosos vallenatos y abordo de aquella chiva, Mariela nos contó que estábamos llegando a uno de los principales centros financieros, industriales, comerciales y de servicios de toda Colombia y que aquella etapa de miedo en Medellin ya solo era historia.

Las Chivas, transporte típico de Colombia

La tierra de los paisas me dio la oportunidad de entender que había una vida fuera de Cuba totalmente diferente a la que yo me imaginaba. Para ese tiempo en mi país el acceso al internet y la banda ancha cibernética eran un lujo para muy pocos.

Medellín fue "Mi primera vez" en innumerables cosas. Allí descubrí que los sabores de helados eran algo más que Vainilla, Fresa y Chocolate. Me di cuenta que el mundo estaba lleno de colores, de olores y lo mas importante, que fuera de la mayor de las Antillas había un mundo lleno de opciones.

Este viaje me permitió encontrarme conmigo misma y ganar mucho en autoestima. Sin ni siquiera darme cuenta había definido mis propios objetivos de vida. Fue como recuperar el camino y reorientarme.

EL viaje radicaba en visitar la biblioteca más antigua y grande de Medellín y la de mayor riqueza en colecciones de libros y revistas ubicada en la Universidad de Antioquia y con un promedio de 5300 usuarios al día.

En esta misma universidad hice una presentación frente a un auditorio de mas de 500 estudiantes de Bibliotecología y Ciencias de la Información. Con muchísimos de ellos aun sigo en contacto después de 25 años. A los de Medellín se les llaman paisas y a los de Bogotá, la capital de Colombia, se les dice Rolos. Hasta el día de hoy, cualquiera que me pregunte cómo describir a Medellín, yo se lo sintetizo en una sola oración: Es el lugar ideal donde haría mi vejez.

Al regresar a la Habana me esperaba el poder trabajar en el Capitolio Nacional, lugar donde radicaba el Ministerio de Ciencia, Tecnología y Medio Ambiente. Mi tutora me había permitido formar parte de un equipo de profesionales que lideraban las Ciencias de la Información en Cuba, PROINFO.

Ya comenzaba a entrar de forma controlada y racionalizada el internet y era importante dejarle saber al mundo quiénes éramos. En el primer piso del Capitolio Nacional radicaba la única empresa que ofrecía sus servicios CENIAI y sin darme cuenta comencé a trabajar en ambas donde me involucré como web master en el proyecto www.cuba.cu

¿Significaría que no volvería a vivir en Holguín?

Trabajaba largas horas cada día. Lo hacía los sábados si algún proyecto estaba por salir. Me encantaba lo que hacía y he ido siempre con la dicha de participar en grupos de profesionales con avanzados conocimientos y aprender de cada uno de ellos, algo que me fascinaba.

Expocuba era o es, no se si aun continúan, un gran evento internacional que celebraba Cuba cada año para intercambiar entre diferentes países del mundo el producto Cuba en materias comerciales y científicas.

Esta vez expuse nuevamente mi tesis de grado que estaba llena de propuestas para el sector científico técnico en el mundo del procesamiento de la información. Al terminar muchos se me acercaron para felicitarme y para comentarme una que otra cosa. Ese año fuimos a exponer y fue justo allí donde conocí a un empresario ingles que me propuso formar parte de su equipo.

Le agradecí la propuesta que me hizo, propuesta que ya ni recuerdo. Lo que si recuerdo es que aun estaba dentro de los dos años de mi servicio social mandatorio, impuesto a cada graduado del nivel universitario en Cuba. Al comentarle esto, él calculó los días exactos que me faltaban, con un teléfono BlackBerry gigante que pocos podían usar, para poder irme a formar parte de su empresa Dimensión W.

Cuando se trabaja y se tienen proyectos en mente siempre el día parece ocupado y el tiempo vuela. Sin ni siquiera darme cuenta, ya formaba parte de un equipo de programadores, diseñadores, traductores y analistas de información. Formar parte de aquel grupo fue un regalo de Dios.

"El Ingles" nos enseñó que fuera de Cuba había un mundo. Nos contaba de las estadísticas que mostraban la emigración de cubanos en los diferentes países, y poco a poco nos fue enamorando de la gran oportunidad en enlazar a esos emigrantes con sus raíces. Aun con el internet como un gran misterio y el nulo acceso a la telefonía celular le echamos muchas ganas a todo lo que nos ofrecía porque sus ideas eran brillantes y aunque llevaban mucha inversión para él esto no era un problema.

Metrorail de Medellin, Colombia

El hacía mucho énfasis, durante nuestras reuniones al comenzar cada día, en una comunidad de cubanos que se encontraba al sur de los Estados Unidos a tan solo noventa millas de nuestra oficina en la Marina Hemingway cerca de Santa Fe en la Habana. Nos hablaba que aquellas personas se habían ido por diferentes motivos, pero amaban a su tierra y a su gente. Dijo que era un momento crucial para nuestro proyecto porque en USA ellos solo tenían permitido venir a la isla cada tres años y si nosotros le llevábamos a esa comunidad la forma de enviarle regalos y remesas a sus familiares y seres queridos, obtendríamos significativos resultados.

Trabajábamos largas horas hasta sacar nuestro gran proyecto que nos llevó a la fama. Habíamos logrado introducir el comercio electrónico en Cuba. No podíamos creerlo, la prensa nos contactaba y nos entrevistaban ante el gran suceso. Aun conservo todos esos periódicos. Las ventas comenzaron a dispararse y aquella comunidad comenzó a hacer envíos a través de nuestra plataforma tienda virtual.

Al paso del tiempo y siempre en busca de nuevas y mejores oportunidades el proyecto comenzó a decaer. Diversas razones hicieron que una empresa nacional tomara el control total del mismo y las cosas comenzaron a cambiar.

No recuerdo el día ni el momento exacto cuando un empresario español y su directora Cary en una de sus empresas en La

Habana se nos acercó a mi y a mi amiga Marlene con una mejor propuesta para hacer un proyecto diferente y con él comenzamos.

Con un poder adquisitivo diferente y con mejores oportunidades y la seguridad de que ya me quedaría en la Habana apareció la solicitud de mi viejo amigo "Jesusito".

Jesús Martínez es un amigo que conocí en Santa Cruz del Norte durante mis tiempos de la universidad cuando mi inseparable amiga Ismarys me llevaba para que pudiera alimentarme un poco en medio del mas crudo momento del Periodo Especial por el que atravesaba Cuba.

Jesús había emigrado en el 1999 siguiendo a su tía Ibis radicada en Chile. Recién graduado de Lengua Inglesa, El y su esposa Dunay, quien llegó ocho meses mas tarde, me contactaron para que tuviera una atención con una excelente amiga que se había portado como una madre durante sus inicios en Santiago de Chile. Inmediatamente cumplí su solicitud y fue cuando conocí a Soledad González; una empresaria chilena que llegó a La Habana con su esposo y sus dos hijos Diego y Salvador.

Con Soledad pasamos días maravillosos en la Habana. Entre museos y paseos me contaba sobre su vida, sus tres empresas, sus clientes y hablaba de su país y el momento histórico por el que atravesaba con mucha pasión. Después de una semana la llevé de regreso al aeropuerto. Antes de abordar me dijo exactamente: "Galla, si algún día tienes la intención de buscar otros horizontes, cuenta conmigo". "Tengo trabajo para ti en una de mis empresas". No me hice esperar, inmediatamente le envié un correo electrónico aceptando su invitación.

Para ese tiempo ya no trabajaba con "el ingles" pero tenia mezclado en mi cabeza todo lo que nos contaba sobre los cubanos que vivían fuera de Cuba.

Valle Nevado, Chile

VILMARIS GONZALEZ

¿Cuáles son los cambios en la vida?

Los cambios no llegan por casualidad. Nosotros mismos nos vamos trazando el camino de la vida. Cuando afrontamos y nos adaptamos a una nueva situación significa que estamos cambiando.

Detrás de los cambios existen las oportunidades, el aprendizaje, el aferrarse a una esperanza y con todo esto llega la evolución.

¿Por qué el ser humano está en constante cambio?

El aceptar que la vida es un constante cambio nos permite vivir el presente. La vida en si es un viaje maravilloso de un constante cambio. La vida no se detiene. No tenemos un botón que apretamos y volvemos a empezar. Lo vivido ya no vuelve atrás y ningún minuto es exactamente igual al anterior.

Los cambios y sus etapas

Vivir es el ir por la vida enfrentando cambios constantes. El ir de forma efectiva y mirando siempre hacia delante radica en el secreto de cerrar ciclos y saber que hay momentos que han llegado a su final. Si te quedas prendido en el pasado y queriendo revivir esos momentos no hay forma que avances. Es importante continuar.

Los procesos de cambio vistos desde el punto de vista psicológico, son una evolución natural y necesaria de cada ser humano. Es decir, que debemos cambiar según la situación que nos toca vivir.

¿Por que algunos se resisten al cambio?

Una de las formas en que no aceptamos los cambios o no vamos por ellos es el no aceptarlos. Cuando nos quedamos atados a una etapa que no nos está realmente aportando ningún beneficio por la resistencia al cambio, ya estamos dejando de vivir con plenitud. Quedarnos donde estamos y no avanzar son partes del proceso de negación en las etapas de cambio.

Muchas veces, aunque queramos salir de donde estamos, nos resulta difícil porque ese movimiento implica perder un beneficio secundario o una ganancia encubierta y en la mayoría de los casos lleva una inversión y el desprendernos de nuestra rutina.

La ganancia del cambio

Quizás hoy sufras y llores y sientas rabia y sentimientos que te restan por resistirte a cambiar. Sin embargo, quiero decirte que si cierras ese capítulo ya mañana podrás abrir otro y te alegrarás por haber Avanzado.

Todo cambio implica en cierta medida una pérdida, un duelo por lo que dejamos atrás. La manera de enfrentar estos cambios dependerá en gran medida de lo aprendido en situaciones previas y de nuestra capacidad para lidiar con dichas pérdidas.

La primera ganancia que logramos con los cambios es lo fuerte que nos hace. Considero que cambiar nos hace mas fuertes, nos aporta experiencia y nos da la posibilidad de avanzar por el camino de la vida.

Aprender a olvidar

Aunque el único responsable de olvidar es el tiempo, los recuerdos son memorias de sucesos pasados y no deben ser mezclados con sentimientos negativos que nos agoten. Lo que dejamos atrás no volverá y la mejor manera de olvidarlo es concentrándonos en nuestra actual y futura etapa. Disfrutar lo que se vive es la mejor forma de olvidar.

La Cordillera de los Andes, Chile

VILMARIS GONZALEZ

CAPÍTULO 4

*"Mantener **La Motivación"***
La Cordillera de los Andes

T RAMITAR MI VISA de trabajo fue bien engorroso
y estresante. Fue como una operación de total secreto,
oculta, como en modo clandestino. Yo soy bien expresiva que
comparto desde una noticia hasta una receta de cocina y para
ese entonces hasta de dolores de cabeza sufría al no poder
exteriorizar lo que vivía y el proceso engorroso por el que pasa
un cubano para poder viajar, al menos en aquel tiempo.

Esperé ansiosa mi viaje porque los boletos mas baratos los
podía adquirir en el mes de julio. La razón era muy sencilla.
Yo no tenía el dinero suficiente para poder afrontar la compra
de un boleto de más de mil dólares y Julio es el mes de las
temperaturas mas bajas en Chile, algo que aprendí un tiempo
después, justo el día en que allí llegué.

Aunque no era mi primera vez en un avión iba muy nerviosa
porque no habría necesidad de usar el boleto de regreso. Solo
yo sabía que iba a emigrar y que no volvería. El miedo me
hacia temblar las piernas a bordo del vuelo de Copa rumbo

al sur del mundo, a 8 mil kilómetros desde Cuba, hacia la Ciudad de Santiago de Chile.

Con tan buena suerte a mi lado iba un chileno que con sus historias me entretuvo gran parte del viaje. Ingeniero en Geomensura había ido de vacaciones recorriendo Pinar del Rio, La habana y Varadero. Iba de regreso totalmente enamorado de la mayor de las Antillas y de una hermosa mulata que conoció a través del internet. La miraba en su teléfono todo el viaje mientras me repetía que era doctora en medicina general y lo hacia escuchando canciones como Amor Verdadero de Afro-Cuban, Guantanamera de Compay Segundo, El carretero de Guillermo Portabales, Mira que eres linda de Antonio Machín, Mambo No. 5 de Pérez Prado y Chan Chan de Buena Vista Social Club.

Cierro mis ojos y tengo esos recuerdos pegados porque con sesenta dólares en mi bolsillo llegué a la tierra de Pablo Neruda justo un día de su cumpleaños. Solo llevaba una maleta que me habían prestado y hasta me preocupaba ¿cómo la iba a devolver?

Todos los pasajeros que venían conmigo en el vuelo ya habían salido del aeropuerto. Solo quedaba yo porque no aparecía mi maleta. Podía perderme yo por el mundo, pero no mi maleta, en ella traía mis mas preciados recuerdos. Después de mas de una hora buscaron en el sistema y llamaron por teléfono a la dueña de la maleta que allí quedaba quien ya iba camino a la ciudad con la mía. Como siempre, yo voy por la vida acompañada de Dios. El oficial de los equipos perdidos se me acercó sonriendo para decirme que efectivamente la cliente de primera clase se había llevado mi equipaje y que quería hablar conmigo al teléfono. Me volvió el alma al cuerpo porque sin detallarles lo que allí llevaba no podían perderse cinco copias de la inscripción de nacimiento y mucho menos los álbumes de fotos de familia y la mismísima estampilla de la Virgen de la Caridad del Cobre, la patrona de Cuba. Uffff es que para mi nada ha sido fácil. El tan solo hecho de pensar que me encontraba muy lejos de mi patria y que había perdido mi maleta donde traía mis cosas mas valiosas ya me hacia sentir por unos segundos desdichada y miserable.

"Mil Disculpas", fue lo primero que me dijo la señora al teléfono. Me lo repetía incansablemente y me solicitaba que le recogiera su maleta y nos encontráramos en la autopista mayor a la salida del aeropuerto Arturo Merino Benítez donde me esperaría para devolverme la mía y hacer el intercambio.

Renata había ordenado té y pan amasado caliente con palta para mi llegada. Hacia muchísimo frio ese día. Creo que fue el mas frio de toda mi estadía en Chile. Ella no se hizo esperar y me pidió nuevamente disculpas por lo sucedido y porque había tenido que mirar el primer bolsillo de mi maleta ya que ambas eran idénticas. Me hizo muchas preguntas y entre ellas me comentó que mientras yo llegaba se detuvo a ver unas fotos y un escrito que le produjo mucha tristeza y que sentía muchísimo lo que allí había leído, no pude evitar llorar.

Le conté la situación por la que atravesaba mi país. Le hablé sobre mi y mis orígenes. También le comenté sobre mi formación profesional y no se hizo esperar, quería saber por qué había escogido a Chile para emigrar cuando tenia países hispanohablantes como México y Colombia mucho mas cerca de mi país. Yo bromeando le dije que iba a seguirle los pasos a Isabel Allende quien nació en Perú y tiene nacional chilena. Para mi sorpresa Renata era una de las altas ejecutivas de una multinacional líder mundial en proporcionar a las empresas soluciones para la mejora de sus procesos de negocio, justo en lo que me había graduado. No lo podía creer, Dios me había puesto una gran oportunidad laboral que podía explorar en cuanto tuviera permiso de trabajo.

Sin embargo, Soledad Gonzalez lo cambió todo. Una ejecutiva optimista, con un super corazón que no le cabe en su pecho, ella fue quien me dio la oportunidad de irme de Cuba y por un contrato de trabajo llegar a su país. Era con ella con quien quería trabajar, y así lo hice.

El Rio Mapocho en Santiago de Chile

Soledad siempre hablaba de Chile con mucho orgullo y contagiaba con tanta fuerza en sus palabras. Describía a Chile como un país pequeño al sur del continente americano. Levantaba su mano derecha siempre para decir "Somos el mayor productor y exportador de cobre en el mundo. Los chilenos también somos líderes en la exportación de salmón y uvas, siendo China y Estados Unidos los principales destinos de las exportaciones del país". Se sabia al dedillo la descripción de Lonely Planet. "Aislada del resto de Sudamérica (y del mundo, de hecho) por los altísimos Andes al este, el vasto océano Pacífico al oeste, el desértico desierto de Atacama al norte y las impenetrables tierras salvajes de la Patagonia hacia el sur"

Yo estaba muy contenta, con muchas energías y mucha satisfacción con todo lo que iba viviendo. Emigrar era algo que tenia en mi lista de cada día. Un proyecto desglosado de manera que no fallara en ningún paso hasta lograrlo. No podía creer las lecciones que escuchaba mientras continuábamos el viaje, Soledad, más que explicarme la maravillosa ciudad a la que íbamos entrando, me hablaba de cómo enfrentar el frío. "Te sugiero vestirte por capas: camiseta, blusa, sudaderas y un abrigo y bufanda. Suele suceder que durante el día la temperatura sube y así puedes alivianar tu vestimenta y no pasar calor. También es útil para los lugares muy calefaccionados. En invierno, casi todas las mujeres usamos pantalones y botas.

Has llegado en el mes más frío del año por lo que debes cuidarte de un resfriado."

"Mira, mira a tu izquierda, este es el Rio Mapocho, quiero que lo veas y lo recuerdes porque este año construirán una gran autopista debajo de él".

Cerros Valparaiso, Chile

Estaba sorprendida de ver como hablaba de cambios y progresos de una manera bien segura cuando yo venia de un lugar que tomaban años y décadas los cambios. Mi gran asombro estuvo cuando me señaló en la distancia y me dijo: "Aquello que ves a lo lejos es la Cordillera de los Andes. No lo podía creer que en medio de aquel día lleno de tantas novedades yo estaba mirando por primera vez la cordillera que aparecía en los libros de geografía donde mostraba que albergaba los volcanes mas altos del mundo. Mis ojos no podían dejar de mirar aquella cadena de montañas unidas. Y aun sin salir del pasmo, ella también me dijo: No te quiero asustar, pero Chile está localizado en la zona suroriental del cinturón de fuego del Pacifico, la zona mas sísmica del mundo. En ese momento perdí hasta el aliento. ¿A dónde yo había llegado realmente? ¿Como pude elegir el llegar allí? No sabia ya si tiritaba de miedo o de frio, a ese punto ya daba igual. Cuando reaccioné a todo lo que me decía, le pregunté: ¿Cuantas veces tiembla al mes? Y ella no se hizo esperar y sonrió.

- Aquí en Chile lo normal son unos doscientos temblores al día. Sin embargo, no te tienes que inquietar, somos un país construido a prueba de terremotos.

- ¡Mira!, ¡mira!, ¡olvídate de todo esto!, así me dijo ella, ¡esta es mi cuidad Santiago!, la capital y ciudad más grande de todo el país, te encuentras en un valle rodeado por los Andes nevados y la Cordillera de la Costa de Chile. Hoy daremos una vuelta rápida por la ciudad, pero no sin antes ir por un buen abrigo. -

El dinero para mi significa energía. Lo digo literalmente porque si tengo dinero estoy tranquila y cuando no lo tengo ando bien estresada. Esta vez se trataban de sesenta dólares en mi bolsillo. Por una parte, el miedo de andar con poco dinero y por el otro lado el estrés a que supieran que solo llevaba sesenta dólares.

El cruzar desde el norte hacia el extremo sur del mundo me había endeudado. El abrigo que necesitaba costaba 60000.00, si, sesenta mil pesos chilenos que representaban alrededor de unos ochenta dólares americanos. ¡Ni modo!, había que decirle a Soledad que para poder adquirirlo ella debía prestarme parte del dinero.

Con tan buena suerte la transición fue bien fácil. Mientras avanzábamos ella me dejó bien claro cómo lo haríamos, qué me ofrecía, dónde viviría, y las mejores palabras fueron: Tranquila, quiero que me ayudes con mi empresa y en el camino nos vamos arreglando. Sus palabras siempre fueron alentadoras, nunca me puso una traba y para ella la vida era fácil. Esa señora veía hasta en las lombrices una oportunidad para hacer dinero. Una empresaria decidida, emprendedora, valiente, soñadora, muy pendiente de sus hijos y su familia, era exactamente como me la había detallado mi amigo Jesús Martínez.

Poco a poco me fui adaptando y la vida se me hacia cada vez mas fácil. Los días en el sur del mundo eran únicos e irrepetibles. Me acomodé bien rápido sin opción a no hacerlo. Me fue muy cómodo entender que el capitalismo es un sistema económico y social basado en que los medios de producción deben ser de propiedad privada algo que para mi era totalmente novedoso. Como también lo eran las PYMEs. Un concepto espectacular que sostenía a gran parte de la economía de aquel país y de muchísimos otros en el mundo como por ejemplo de España.

Las Pequeñas Y Medianas Empresas que por sus siglas se conocían como PYME se refería a los pequeños negocios que representan una gran oportunidad de desarrollo del que en poco tiempo logré formar parte.

A Chile lo traigo en mi corazón, allí aprendí de muchas cosas especialmente de finanzas, de negocios, de tener todo lo que te propongas y lo mas importante, aprendí casi al hacerme experta sobre motivación y desarrollo personal, ambas dos para lograr la clave del éxito, ese que no llega por casualidad.

Gracias a Soledad participé en muchos cursos sobre motivación para el desarrollo y el desempeño personal. Aprendí a cómo liderar mi tiempo y mi vida. Me fui a talleres sobre medicina alternativa como el caso de la técnica de sanación japonés Reiki que canaliza energía universal y la entrega a través de las manos. Hice muchas cosas, todas hermosas, vivía enamorada hasta los huesos de aquel país angosto que me mostró la nieve y las playas oceánicas, las aguas termales y las lavas de los volcanes por primera vez.

Yo sabía como batallar con el frio, los temblores y la niebla tóxica posada cada mañana sobre Santiago. Sin embargo, había algo que me hacia tomar la decisión de continuar el viaje y hasta de regresar a Cuba: El amor por mi tierra y mi familia. Ya era tiempo de ayudarlos o mejor dicho de acercarme a ellos. Pesaban aquellos ocho mil kilómetros de distancia entre el sur del mundo y el mar caribe.

El punto que marca la distancia entre Cuba y
USA (90 millas desde Cuba, Key West USA)

La Estatua de la Libertad, New York, USA

No sabia como decidirme ni tampoco como continuar el camino, pero una idea brillante me hizo volver a Cuba y planear desde allí el llegar a USA.

"Si tienes un sueño en tu corazón, y de verdad crees
en él, corre el riesgo de que se convierta en realidad"
Walt Disney

Mantener la motivación

Según Wikipedia La motivación es lo que explica por qué las personas o los animales inician, continúan o terminan un cierto comportamiento en un momento determinado. Los estados motivacionales se entienden comúnmente como fuerzas que actúan dentro del agente y que crean una disposición para participar en un comportamiento dirigido a un objetivo. A menudo se sostiene que los diferentes estados mentales compiten entre sí y que solo el estado más fuerte determina el comportamiento. Esto significa que podemos estar motivados para hacer algo sin hacerlo realmente. El estado mental paradigmático que proporciona motivación es el deseo. Pero puede que varios otros estados, como las creencias sobre lo que se debe hacer o las intenciones, también proporcionan motivación.

Lo primero es planificar bien las cosas, tener una lista con pasos realistas y ejecutarlos uno a uno. En otras palabras, enamorarse de lo que haces e ir por ello.

El objetivo.

Debes hacer una lista y empezar anotando lo que quieres lograr y lo que deseas que se haga realidad. Si desglosas lo que quieres en partes será mucho más fácil planificar y lograrlo.

El objetivo debe ser concreto. La gente abandona sus objetivos porque sus expectativas son poco razonables. Emigrar, dejar de fumar, parar el consumo de alcohol y bajar de peso son algunos de los objetivos que requieren mucho sacrificio y tiempo.

Parte de la capacidad de mantener la motivación depende de ser realista sobre lo que uno puede conseguir dentro del período de tiempo que se ha fijado.

Motivarse uno mismo

La voluntad y el emprendimiento son dos características esenciales de la automotivación. ¡Hay que animarse de nuevo y tratar de cambiar cuando se está pensando en rendirse!

La mayor manera de ir avanzando es la celebración de el ir alcanzando pequeños objetivos. Te transmitirá confianza, seguridad en ti mismo, ánimos y motivación para seguir lo que te hayas propuesto hacer. De modo que recompénsate por cada objetivo parcial que vayas alcanzando.

Comprometerse

El compromiso es la capacidad que tiene el ser humano para tomar conciencia de la importancia que tiene cumplir con el desarrollo de su trabajo o proyecto dentro del tiempo estipulado para ello. Al comprometernos, ponemos al máximo nuestras capacidades para sacar adelante nuestros proyectos.

Uno de los primeros pasos de la motivación nace cuando te comprometes con tu objetivo. Si quieres ir por algo debes creer en ti mismo, enamorarte de tu proyecto y no detenerte hasta lograrlo.

La ciudad de los rascacielos, Chicago

Actitud positiva

Si sabes que puedes lo lograrás. La actitud positiva es muy importante para creerse merecedor de llegar a la meta final. El pensamiento positivo y el lenguaje interno también son buenos aliados de la motivación. Tener una actitud positiva no significa ignorar lo negativo o no estar preparado para situaciones difíciles, sino acercarse a las situaciones de una manera constructiva y resolutiva.

¡No te rindas!

Puedes mantener la motivación anotando tus objetivos, perseverando en el plan que te traces y recordándote a ti mismo qué te llevó en un principio a fijarte ese objetivo. Los cambios son emocionantes. El pensamiento positivo busca los mejores resultados de las peores situaciones. Siempre es posible encontrar algo bueno en todo, y esperar lo mejor para ti, aunque las cosas se vean mal a tu alrededor. Y lo más grandioso es que cuando buscas cosas buenas, siempre las encuentras. Y esto es algo que vale la pena analizar.

Tener una actitud positiva nos permite ver el mundo de una mejor manera, incluso pareciera que los problemas no son tan graves como pueden parecer.

Concéntrate en cada paso, no en el destino final

Es importante comenzar. La vida te va acomodando cada una de tus cosas. En la medida que avances ya lo vencido queda atrás. Cuando queremos hacer o modificar algo o ir por algo nuevo debemos comenzar, andar, recorrer y luego llegar al destino final.

No existe una forma de lograr algo sin atreverse. El destino final será cuando mires hacia atrás y veas que lo has logrado.

Confía y Amate

Confía en ti, vas a poder lograrlo. Si otros lo hicieron tu podrás. Confía en la vida. Dios te ama, Dios tiene todo planificado de forma perfecta para ti. Y fíjate que, si en tu primera vez no llegas al destino final, al menos lo intentaste y aprendiste. El segundo intento siempre se hace con menos miedo y con más fuerza.

La ciudad que no duerme, Las Vegas, Nevada, USA

VILMARIS GONZALEZ

CAPÍTULO 5

"*Controlar El Estrés*"
En busca del sueno americano

EL FAMOSO SUEÑO americano fue el causante de mi llegada a la tierra de la libertad. El sueño americano suele referirse a los ideales que garantizan la oportunidad de prosperar y tener éxito para lograr una movilidad social en busca siempre de mejoras. Estos ideales suelen ser la democracia, los derechos civiles, la libertad, la igualdad y la oportunidad.

Llegué a Estados Unidos a través de la frontera con México, exactamente por Brownsville en el estado de Texas, de eso hace mas de 15 años.

El historiador James Truslow Adams definió el sueño americano en 1931 como: "La vida debería ser mejor y más rica y llena para todas las personas, con una oportunidad para todo el mundo según su habilidad o su trabajo, independientemente de su clase social o las circunstancias de las que proviene."

La política de «pies secos, pies mojados» (en inglés, wet feet, dry feet policy) fue el nombre dado a una política del gobierno de los Estados Unidos sobre la inmigración cubana en USA, que fue consecuencia de la revisión de 1995 de la Ley de Ajuste Cubano. Consistía en permitir el ingreso de inmigrantes provenientes de la isla de Cuba solo si han pisado la costa estadounidense.

Gracias a esta política y a la inigualable ayuda de mi amiga Mariela Suarez llegué a Estados Unidos de Norteamérica. Ella estudió Violín y Piano en el instituto Amadeo Roldan en la Habana. La conocí a través de su padre Juan José durante mi viaje a Colombia. Siempre me encantó su habilidad con los instrumentos musicales y apuesto que está a la altura de Joshua Bell y Anne-Sophie Mutter.

Durante mi estadía en Chile nunca perdí el contacto con ella. Fue precisamente por ese tiempo que ella emigró a los Estados Unidos y desde allí siempre estuvo muy al tanto de mis logros y mis no tan buenos momentos.

Muy aferrada frente a su Virgen de la Caridad del Cobre me esperó el día que logré mi primer sueño americano: Llegar a USA.

Sin detallar la travesía, llegué al país mas popular de la tierra. A la casa de Mickey Mouse, al código telefónico numero uno del mundo.

En la ciudad de Dallas me detuve por unos días hasta que volé a la hermosa ciudad de West Palm Beach en el estado de la Florida donde me esperaba mi prima Idania para ayudarme con todo el proceso de instalarme, conseguir trabajo, un carro y comenzar a andar hasta alcanzar mis sueños. Mis días en West Palm Beach fueron maravillosos. Inmediatamente que pude obtener permiso para trabajar, allí conoci a mi actual amigo Fermin de Vales, quien me consiguió aquel mismo dia mi primera entrevista de trabajo en los estados unidos. El único problema era que debía irme hacia la capital mundial de la felicidad, Miami, lugar donde vivo desde entonces.

Los primeros tiempos, al igual que la travesía para llegar fueron bien estresantes. Los cubanos le decimos 'tiempos duros'. La primera etapa cuando se llega a Estados Unidos y pienso que a la mayoría de los lugares donde uno emigra, es el establecer un estatus legal que te permita trabajar y no ser retornado al país de origen. Luego cuando se comienza a trabajar es importante reunir dinero para comprarse un carro y ahí es cuando por primera vez nos hablan de la importancia de tener una historia crediticia. En la medida que comienzan a pasar los días en USA las preocupaciones y las responsabilidades aumentan y con ellos el cansancio y la necesidad de ayudar a los seres queridos que quedaron en nuestros países de origen.

Una de las cosas que más me llamó la atención en los Estados Unidos cuando llegue fue su diversidad.

La mayoría de los estadounidenses son de ascendencia europea, africana, latinoamericana o asiática.

Entrar con un estatus legal hace la vida más fácil. Es mejor llegar con ahorros que sin ellos. Desde el día que se llega todos hablan del Estrés. Lo primero y más estresante es el idioma. El no dominio del idioma inglés es una barrera que no te deja avanzar por mucho que quieras. El simple hecho de hablarlo puede abrir mejores oportunidades de trabajo, además de ser una de las mejores inversiones para sí mismo.

Yo considero que mi primer trabajo comenzó bien desde la entrevista. Fermin me había advertido que la señora que me entrevistaría era única y tenia algo muy particular, era Peter Pans.

Fermin me explicó que entre el 26 de diciembre de 1960 y el 23 de octubre de 1962 una maniobra coordinada entre el Gobierno de los Estados Unidos (con énfasis sobre la CIA), la Iglesia católica y los cubanos que se encontraban en el exilio, trasladó a 14.000 niños desde Cuba a Estados Unidos. La operación fue diseñada para transportar a los niños de padres cubanos preocupados que temían la ideología del gobierno cubano.

El plan original de la operación contaba con que los niños se reunieran con sus padres al cabo de pocos meses.

En 1961, los Estados Unidos cerraron su embajada en Cuba como parte de los preparativos para la Invasión de Bahía de Cochinos. En respuesta a la invasión, Cuba llegó a un acuerdo con el premier soviético Nikita Jrushchov para trasladar armas nucleares al país, lo que llevó a la Crisis de los Misiles en 1962. Durante esta crisis, el Gobierno de los Estados Unidos canceló los vuelos entre los dos países; esto tuvo un efecto dramático, dejando a ochocientos niños a la espera de sus padres en Miami. Cuando se hizo obvio que los padres no llegarían pronto a los Estados Unidos, grupos católicos recogieron a los niños de Miami y los ubicaron en diferentes orfanatos, o con diversas familias por todo el país, para que fueran adoptados. Después del cese de los vuelos comerciales entre Cuba y EE. UU. se delinearon otras rutas alternativas para el éxodo de los niños desde Cuba, y más tarde, para los propios padres, con miras a una eventual reunificación. Muchas de estas operaciones fueron secretas pero eventualmente fueron descubiertas.

Los padres viajarían a un tercer país (por lo general México o España), desde Cuba y tendrían que esperar en el limbo para obtener visados que les permitieran viajar a los Estados Unidos más tarde. El Reino Unido permitió que niños cubanos viajaran a Jamaica con visas emitidas por la embajada de Gran Bretaña, para luego viajar directamente a Estados Unidos desde allí. Si bien la Operación Peter Pan era un programa clandestino, el gobierno cubano lo descubrió.

Efectivamente, la barrera del idioma no fue un problema porque al momento de la entrevista le dice que había llegado sola, sin familia y que solo necesitaba el trabajo y la oportunidad de que en seis meses me podía volver a entrevistar en ingles porque si ella me lo permitía yo tomaría los turnos de la tarde noche para poder estudiar ingles durante el dia. Recuerdo su comentario al final de la entrevista: 'todos merecemos una oportunidad, yo también llegue sola un día"

Asi fue como comencé como asistente del gerente en una de las cadenas de farmacias, Walgreens.

Los años en Norteamerica han sido mágicos, únicos, irrepetibles, ha valido la pena el haber llegado.

Dios y mis esfuerzos me han permitido cumplir todos mis sueños. El camino no ha sido fácil. Sin embargo, he aprendido a superar los miedos, las carencias y enfrentar los cambios y el estrés

¡Inténtalo, tu puedes!

El Estrés y las preocupaciones

El estrés es la respuesta física o mental a una causa externa, como tener muchas tareas o padecer una enfermedad. Un estresor o factor estresante puede ser algo que ocurre una sola vez o a corto plazo, o puede suceder repetidamente durante mucho tiempo.

No estás solo. Todos se sienten estresados en algún momento. Pero puedes evitar estresarte demasiado si manejas las presiones y los problemas de todos los días, mantienes la calma, pides ayuda cuando la necesitas y te tomas el tiempo necesario para relajarte.

¿Qué es el estrés?

Veo el estrés como un sentimiento de tensión física o emocional. El estrés puede provenir de cualquier situación o pensamiento que lo haga sentir a uno frustrado, furioso o nervioso.

El estrés es la reacción de su cuerpo a un desafío o demanda. En pequeños episodios el estrés puede ser positivo, como cuando le ayuda a evitar el peligro o cumplir con una fecha límite. Pero cuando el estrés dura mucho tiempo, puede dañar su salud.

El estrés es una respuesta a una presión o amenaza. Según la ciencia, el estrés provoca una hormona llamada adrenalina que afecta temporalmente al sistema nervioso.

Mantener el estrés bajo control

La mayor forma de ayudarte a mantener el estrés bajo control es asegurándote de no sobrecargarte de actividades. Si sientes que debes esforzarte demasiado, considera quitar una o dos actividades, y elegir solo las que consideras más importantes.

Sé realista. No intentes ser perfecto. Nadie lo es. No te presiones innecesariamente. Aprende a decir No. Si necesitas ayuda con el trabajo, los niños, un proyecto, o lo mas terrible, afrontar una pérdida, pídela. Muchísimas veces no pedimos ayuda y nos estresamos.

Descansa bien por la noche.

Dormir lo suficiente ayuda a mantener en forma el cuerpo y la mente, y esto hará que estés mejor equipado para enfrentar cualquier elemento estresante negativo. El sueño y el estrés van combinados. Una mente estresada puede mantenerte despierto hasta la madrugada y la falta de sueño puede provocar un aumento en los niveles de ansiedad. Debes asegurarte de balancear tu rutina de descanso para reducir tus niveles de estrés y cuidar tu salud.

Aprende a relajarte.

Aprende y practica ejercicios sencillos de respiración, úsalos cuando te enfrentes a situaciones estresantes. Inhale y exhale profundamente, repita varias veces. Intente con otros ejercicios de respiración y relajación. Tome un baño tibio. Escuche música tranquilizante. Practique meditación. Escribe tus vivencias. Disfruta con los seres queridos. Habla de amor. Ve fotografías que te remontan al pasado. Lo más que me relaja a mí es el encontrar momentos para reír.

Dedícale tiempo a la diversión.

Reserva tiempo en tu horario para las actividades que disfrutas: leer un buen libro, jugar con tu mascota, reírte, desarrollar un pasatiempo, dedicarte al arte o la música, pasar tiempo con personas positivas, disfrutar de la naturaleza y hacer ejercicios. Diviértete, busca el lado positivo. Tus perspectivas, tus pensamientos y tu actitud modifican la manera en la que ves la vida.

Darles frente a los problemas

Si existen problemas hay que enfrentarlos. Hacer una tarea a la vez. Construye relaciones positivas. Saber que hay personas que creen en nosotros mejora nuestra capacidad para enfrentarnos a los desafíos. Pide ayuda y apoyo cuando lo necesites. Comparte lo que estás atravesando; incluidas las cosas positivas que estás viviendo. Exteriorizar lo que sentimos ayuda a enfrentar nuestros problemas.

Manejar el Estrés

Las situaciones estresantes se deben evitar e incluso es saludable alejarse de ellas. Puedes hacer algo para manejar el estrés que acompaña a cualquier nuevo desafío, tanto positivo como negativo. Las habilidades de manejo del estrés te serán más útiles si las practicas con tiempo, no solo cuando sientes la presión. Saber cómo "desestresarte" y calmarte te puede ayudar a atravesar las circunstancias que representan el desafío.

...debo descansar un rato, ya quedan pocas horas para aterrizar en Paris, la capital de Francia.

Printed in the United States
by Baker & Taylor Publisher Services